프레임을 이용한 화훼장식

/ 권미숙

목차

- ■ 머리말 ··· 5pg
- ■ 디자인의 원리 ··· 6pg
- ■ 디자인의 요소 ··· 8pg
- ■ 색채 ·· 10pg
- ■ 화훼장식의 정의 ··· 12pg
- ■ 프레임의 정의 ··· 12pg
- ■ 작품
  - Part 1 공간장식 ··· 13pg
  - Part 2 테이블장식 ··· 105pg
  - Part 3 꽃다발 ·· 139pg
  - Part 4 신부부케 ··· 181pg
  - Part 5 코사지 ·· 191pg
  - Part 6 리스 ··· 199pg
  - Part 7 식물심기 ··· 207pg
- ■ 참고문헌 ·· 220pg

머리말

꽃은 언제 봐도 예쁘고 사랑스럽고 행복의 에너지를 안겨줍니다.
83년 고3 때 처음 꽃꽂이를 배우면서 꽃과 인연 된 지
어언 40년 세월이 되어갑니다.
꽃은 그 자체로도 충분히 감동과 힐링을 주지만
디자인과 함께 하면 더 큰 감동을 안겨 준다고 생각합니다.
화훼디자인은 시대의 흐름에 따라
매년 트랜드가 변화되고 있습니다.
장롱 속에 고이 넣어둔 옷이 몇 해 지나면
유행이 지나서 어색하듯이 화훼디자인 또한 트랜드에 민감합니다.
매년 새로운 디자인들이 요구되고 또한 만들어 지고 있습니다.
그렇다고 예전 디자인을 그대로 버리기에는 너무나 아쉽고
예전 디자인을 바탕으로 새로운 디자인이 만들어지기에
20여년 전부터 현재까지 일상생활 속에서 필요에 의해
제작했었던 저와 제자들의 디자인들을 분석하여
플로리스트들에게 도움이 되고자 책으로 발간하게 되었습니다.
그 중에서 프레임을 만들어 형태를 강조하면서
오랫동안 감상이 가능하도록 한 디자인들을 소개하고자 합니다.
책을 발간하면서 오랫동안 함께 한
나연회 회원님들께 진심으로 감사를 드립니다.

2022.

권미숙

디자인의 원리

 작품을 만들기 위한 과정에서 지켜야 할 약속과 같은 것이고 반드시 고려해야 할 사항으로서 비례(규모), 균형, 리듬, 강조, 대비, 통일, 구성, 조화, 반복 등으로 세분화 할 수 있다. 디자인 요소들이 어떤 특정한 효과를 성취하기 위해 어떻게 결합되어야만 하는가를 결정하는 연관 법칙 또는 구성 계획이라 할 수 있다.

1. 비율(Proportion)

작품을 디자인 할 때 구성 요소간의 상대적 크기와의 관계를 의미하는 것으로 높이, 넓이, 깊이의 관계로 표현한다.

2. 균형 (Balance)

균형이란 저울의 원리와 같이 중심에서 양측에 물리적 법칙으로 힘의 안정성을 추구하는 것으로 중심점을 기준으로 좌우 또는 어떤 각도에서 보더라도 안정감 있게 배치하는 것이다. 시각적인 안정감이 나타나도록 한다.

3. 리듬(Rhythm)

조형작품에서의 리듬은 반복된 형태나 구조, 선의 연속과 단절에 의한 간격의 변화로 일어나는 시선의 시각적 운동을 말한다. 색, 선, 모양, 질감 등이 일정한 간격으로 자연스럽게 연결시킴으로써 나타난다.

4. 강조(Emphasis or accent)

시각적인 힘의 강약에 단계를 주어 디자인의 일부분에 초점이나 흥미를 조성하는 것으로서 주가 되는 것을 강하게 표현하는 것을 말한다.

5. 대비(Contrast)

전혀 다른 성질을 표현하는 것으로서 상대편의 반사 성질에 의해 각자가 가진 특성을 명확하게 강조하기 때문에 상호 간에 차이가 명확하게 드러나는 효과를 갖는다.

6. 통일(Unity)

전체 디자인에서 모든 구성 요소와 주위 환경들이 얼마나 잘 어우러져 하나의 획일화된 분위기를 연출할 수 있는지에 대한 표현이다.

7. 구성(Composition)

구성이란 작가의 사상이나 감정을 표현하기 위하여 소재와 주제를 시간(time), 장소(place), 그리고 사용될 목적(occasion, object)에 따라 구상한 설계도와 같은 것이다.

8. 조화(Harmony)

조화는 '적합하다'는 뜻을 가지고 있으며 디자인의 여러 가지 요소들이 서로 분리되거나 배척 되지 않고 통일되어 서로가 잘 어울릴 수 있도록 소재의 질감, 형태, 색상 등을 더 나은 방향으로 고려하는 것이다.

9. 반복(Repetition)

반복은 동일한 요소나 대상 등을 두 개 이상 배열시켜 시선 이동을 유도하여 동적인 느낌을 줌으로써 색채, 질감, 형태 등의 모티브가 일정하게 되풀이 됨으로써 이루어지는 리듬이다.

디자인의 요소

디자인의 기본 요소들은 점, 선, 면, 형, 공간, 질감, 깊이 등을 들 수 있다. 이와 같은 요소들을 기술적으로 자연스럽게 배치하고 디자인 할 때 최대의 효과를 나타낸다.

1. 점(spot)

점의 정의는 기하학적인 의미로는 위치만을 갖는 것으로 되어 있지만 시각적으로는 크기를 가지고 있다. 크기는 형태를 가지고 있으며, 형태는 다양한 모양을 가지고 있다. 이와 같이 화훼장식에서의 점의 의미는 화훼장식품의 형태를 의미한다.

2. 선(line)

선의 정의는 점이 연결되어서 이루어진 것으로 방향성을 가진다. 선은 형태와 구조를 만드는 데 기초가 된다.

3. 면(plase)

점과 선이 집합되어 이루어진 것을 면이라 정의한다. 면은 공간을 분리 또는 폐쇄 시키는 기본 요소이다. 그리고 형태를 이루는 부피와 면적의 기본 요소이며 배경을 조성하기도 한다.

4. 방향(direction)

모든 물체는 방향이 있으며, 그 방향에 따라 인간의 느낌은 달라진다. 방향에는 수직방향, 수평방향, 사선방향, 운동의 방향, 나선형방향 등이 있다.

5. 형(form or shape)

모든 사물은 형을 가지고 있으며, 높이와 가로, 세로의 볼륨이 있는 +3차원적이다. 디자인의 형태를 말한다.

6. 크기(size)

모든 물체는 크기를 가지고 있다. 모든 크기는 환경에 어울릴 수 있는 크기라야 한다. 용기와 식물소재 크기의 비례는 동양에서는 1:1.5, 서양에서는 1:1.618로 한다.

7. 명암(light and darkness)

모든 물체는 밝기와 어두움을 가지고 입체감을 나타낸다.

8. 질감(texture)

질감이란 그 물체가 가지고 있는 입자의 구성이나 표면의 특성을 말한다.

9. 공간(space)

공간은 화훼장식의 배치 및 연출을 하기 위한 선과 형태의 중요성을 강조하는 기본적인 요소이다. 바닥 면이 1차원적이라 하면 벽면은 2차원적이고 공간을 3차원적이라고 말하고 있다.

10. 깊이(depth)

입체감을 살리기 위해 소재의 길이를 길거나 짧게 사용하여 높낮이를 주거나, 꽃을 앞뒤로 겹쳐가면서 배치하여 깊이감의 효과를 얻게 한다.

색채

모든 색채는 빛에 의해 존재한다. 빛이 없는 곳에서는 색이란 없기 때문이다. 색이라는 감각을 일으키는 것은 빛에 자극을 받은 눈의 작용이다. 즉 색채는 광원으로부터 나오는 빛이 물체에 비추어 반사, 투과, 흡수될 때 눈의 망막과 여기에 따르는 시신경의 자극으로 감각되는 현상이라 할 수 있다. 빛이 한 가지의 물체에 떨어졌을 때 광자들 중 일부는 파장으로 흡수되고 일부는 통과하며, 또 일부는 반사되는 미립자들로 작용하게 된다. 우리의 눈은 빛이 반사함에 따라서 물체를 보게 된다. 따라서 빛이 반사할 때의 파장의 길이가 색을 결정하게 된다. 색이란 빛, 즉 특정 파장을 가진 빛이라고 말할 수 있다. 가시 색들 중에서 빨강이 가장 긴 파장을 갖고, 보라가 가장 짧은 파장을 갖으며, 모든 가시 색들은 이 두 빛 사이에 존재한다.

먼셀 20 색상환

명도 단계

채도

1. 색상(Hue)

우리는 흔히 사물의 색을 말할 때 빨간 사과, 노란 바나나, 검은 승용차 등으로 구분하여 표현한다면 이것은 바로 색상을 구분하여 말하는 것이라고 할 수 있다. 즉 색상은 사물을 봤을 때 각각의 색이 가지고 있는 독특한 성질이나 명칭을 말하는 것으로 대부분 색을 구별할 때는 색상에 의해서 구분된다. 색상은 무채색을 제외한, 스펙트럼에서 나타나는 무지개색을 포함해서 과정의 변화에 따라 보이는 모든 색들을 포함하고 있으며, 분홍색, 붉은 갈색, 빨간색 등은 모두 빨간 색상 계열의 색으로 간주한다. 여러 색상 중에서 성질이 비슷한 것끼리 둥글게 배열하면 순환성을 가진 색상환, 또는 색환이 된다.

2. 명도(Lightness/Value)

색을 표현할 때 색상을 배제하고, 밝은 색, 어두운 색으로 구분하는 것은 색을 명도로 구분 하는 것이다. 명도는 물체 표면의 상대적인 명암에 관한 색의 속성을 말한다. 즉, 색지각에 있어서 색의 밝고 어두운 정도를 나타내는 명암단계를 말하며, 그레이 스케일(Gray Scale)이라고도 부른다. 명도는 빛의 분광률에 따라서 다르게 나타나며, 빛의 특성상 완전한 흰색과 검정은 존재하지 않는다. 명도는 색의 3속성 중에서 우리 인간에게 가장 민감하게 반응하며, 그 밝기의 정도에 따라 고명도, 중명도, 저명도로 구분하고 있다.

3. 채도(Saturation/Chroma)

빨강, 파랑, 노랑과 같은 원색은 다른 색을 섞지 않은 원색이다. 이런 원색들은 매우 맑고 깨끗한 느낌을 받게 되는데 이때는 색의 속성 중에서 채도에 영향을 받는 것이다. 채도는 색의 선명도를 나타내며, 색의 맑고 탁함, 색의 강하고 약함, 순도, 포화도 등으로 다양하게 해석된다. 순색일수록 채도가 높아지며, 무채색이나 다른 색들이 섞일수록 채도가 낮아진다. 순도가 높을 수록 색은 강해보이는데 그 대표적인 색으로는 빨강을 들 수 있다.

화훼장식의 정의

꽃다발, 꽃바구니, 신부부케, 테이블장식, 공간장식 등 인간의 생활환경을 아름답게 꾸며주기 위한 목적, 축하, 감사, 기념, 의사소통 등의 사회적 소통의 목적, 행사의 분위기를 연출 하기 위한 목적, 상품이나 서비스의 판매를 촉진하기 위한 목적 등 다양한 사회, 문화, 경제적 목적에 따라 화훼류 및 식물들을 주 소재로 하여 디자인 하는 장식을 말한다.

프레임(Frame) 정의

Frame이란 사전적 의미는 나무, 금속 등으로 된 틀, 액자 또는 가구, 건물, 차량 등의 뼈대 등을 뜻하지만 화훼장식에서는 자연소재 및 인공소재들을 이용하여 만든 구조물로서 기능적인 목적으로만 사용 되는 것이 아니라 조형의 원리에 입각하여 장식적으로 디자인 하는 완성된 조형 형태를 가진다. 꽃과 프레임이 적절히 서로 조화를 이루어 디자인을 완성한다.

예전에는 꽃을 고정하기 위한 도구로 침봉, 또는 플로랄폼을 사용하였으나 1990년 중반에 독일 florist 그레고리 레아쉬(Gregor Lersch)가 꽃의 개성을 잘 표현하기 위해 구조물을 우리나라에 소개 한 뒤부터 프레임을 이용한 디자인이 많이 발전하게 되었다고 할 수 있다. 프레임을 이용 했을 때의 장점으로는 꽃의 특성을 잘 표현할 수 있고 플로랄폼을 사용하지 않기 때문에 친환경적이며 워터픽의 물공급과 함께 꽃만 교체해주면 오랜 시간 감상 할 수 있어 장식효과가 매우 좋다. 또한 공간의 변화에도 제약을 받지 않으며 선과 형태들이 서로 중첩되면서 공간감과 깊이감이 생기고 투명성이 나타나게 되어 현대의 트랜드와 함께하는 디자인이라 할 수 있다.

Part.1
공간장식

공간이란 우리 주변을 둘러싸고 있는 특별한 곳으로서 신중하게 그리고 세심한 계획과 설계를 통해 표현한다. 공간을 지니지 않는 장소는 존재하지 않는다. 시각적 공간이란 눈에 보이거나 아니면 느껴지는 공간으로서, 여기에는 거울에 비친 공간이나 투명창이나 투명 벽 너머로 보이는 공간도 이에 포함된다. 어떤 대상물(상품, 작품, 정보물 등)을 각각의 목적에 따라 주제를 설정하고 조명, 색채, 음향, 소도구 등 디자인요소를 적절히 활용하여 주어진 공간에 효과적으로 장식함으로써 대상인(고객, 관람객, 감상자 등)에게 의도(판매, 정보 전달)를 전달시키고자 하는 디자인으로서 대상자의 요구와 선호도를 바탕으로 하여 기능적 요구사항, 분위기, 실내 배치의 목적을 분석한 후 공간의 이미지를 높일 수 있는 디자인을 해야한다.

소재 | 대나무, 노박덩굴, 주황색 장미, 한지, 전구, 전선, 배양토 등

공간 장식

우주

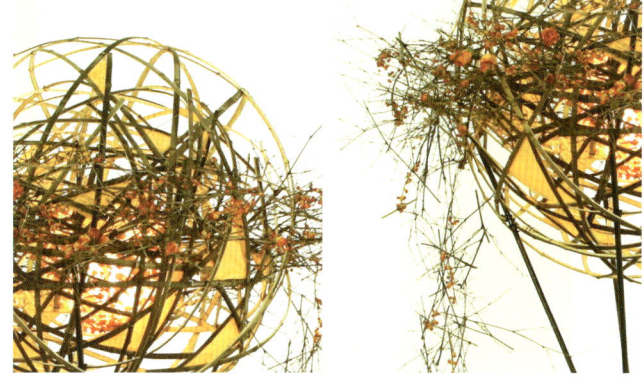

제작

2008년

특징

대나무를 쪼개어 서로 다른 크기의 원형형태의 프레임을 3개 만든 후 철재스틱을 교차로 세운 후 고정하여 우주를 형상화한 디자인이다.
원형 형태의 대나무 선들이 교차하여
삼각형이 나타나는 부분에는 한지를 붙여서 면을 만들고
전구를 켰을 때 비춰 보이도록 하였으며 세죽으로 갈란드를 만들어
대나무의 매끄러운 질감과 대비를 나타내었다.
전선과 콘센트를 만들어 필요할 때 불의 밝기 조정이
가능하도록 하였으며 바닥에는 배양토로 디자인하여
전체의 균형감과 안정감을 주었다.
시청로비에 설치하였던 디자인으로서
공간이 넓은 곳에 어울리는 디자인이다.

소재 | 느티나무, 망개, 장미잎, 꽈리, 스켈톤잎 등

공간
장식

만남

제작

2011년

특징

느티나무를 철재오브제에 c자형태를 서로 마주보게 디자인하였으며
드라이가 가능한 주황장미와 꽈리를 이용하여
구형태를 만들어 포인트를 주었다.
시청로비에 설치하였던 디자인으로서
공간이 넓은 곳에 어울리는 디자인이다.

소재 | 능수버들, 향나무, 보존화장미 등

공간장식

일출

제작

2013년

특징

수평선 위에 떠오르는 해를 형상화 하였으며
향나무 줄기를 이용하여 선을 살린 디자인이다.
타원 형태의 프레임 안에 보존화장미를 이용하여 디자인함으로써
반영구적이며 사무실 또는 매장 입구에 어울리는 디자인이다.

소재 | 세죽, 망개, 한지

공간
장식

달무리

제작

2013년

특징

은은한 달빛을 형상화 하여 디자인하였으며
MDF합판을 반달 형태로 만든 후 한지를 붙였다.
세죽을 투명감 있게 프레임을 만들어 반달형태의 프레임에 고정하여
반달을 합치면 둥근 보름달 형태가 되도록 하였으며
불빛을 비추었을 때 비춰보이도록 하여
달무리 형태가 나타나도록 하였다.
사무실 복도 등에 어울리는 디자인이다.

소재 | 소나무뿌리, 회양목, 구슬 등

공간
장식

빗망울

제작

2012년

특징

비가 막 그친 후 나뭇가지 끝에 영롱히 빛나는 빗망울을 형상화하여 디자인하였으며 정사각형 MDF합판에 원형형태를 만들어 기하학적 대비효과를 주었으며 각이 있는 구슬을 이용하여 불빛 반사에 따라 빛이 나도록 하여 나뭇가지에 걸릴 빗망울을 형상화 하였다.
갤러리 로비나 입구장식에 어울리는 디자인이다.

소재 | 오죽, 세죽, 노박덩굴, 드라세나레인보우, 호접란 등

공간
장식

마음

제작

2009년

특징

보이지 않는 사람의 마음을 형상화 하였으며
모나지 않은 둥근 마음이 아름다운 꽃을 피워낼 수 있을 것이라는
희망의 메시지를 담은 디자인이다.
오죽을 쪼개어 둥근 프레임을 만들고 세죽을 이용하여
크레센트 형태로 투명감 있게 프레임을 만들었다.
매장 입구 장식에 어울리는 디자인이다.

소재 | 개나리나무, 세죽, 포인세치아, 전구 등

공간장식

희망

제작

2020년

특징

코로나19로 모두 힘든 시기에 희망을 주고 싶어
크레센트 형태의 프레임을 제작한 후
둥근 해를 형상화하여 리스형태의 세죽 프레임을 합쳐서
디자인 하였다.
성탄절 느낌을 살려 전구를 함께 설치했으며
시청로비에 설치했던 디자인으로서
공간이 큰 로비에 어울리는 디자인이다.

소재 | 대나무, 버들, 목련, 향나무, 장미 등

공간
장식

봄소식

제작

2010년

특징

봄을 기다리면서 봄이 오는 소식을 안겨주고자 디자인한 것으로서
대나무를 쪼개어 둥근형태의 프레임을 3개 만들어서 고정하여
둥근프레임이 그대로 스탠딩이 될 수 있도록 제작하였다.
봄소식의 기쁨을 표현하고자 노란색 버들을 이용하였으며
장미꽃잎을 이용하여 구형태로 만들어
선과 형태의 대비효과를 주었다.
매장 윈도우 안에 디스플레이용으로 적합하다.

소재 | 스티로폼, 한지, 향나무, 안스리움, 나뭇잎, 칼라스톤 등

공간
장식

환영

제작

2009년

특징

직사각 한지 프레임 2개를 사용하여
볼륨감과 투명감이 나타나도록 하였으며
한지는 끝을 살짝 그을려서 질감과 칼라의 변화를 주었다.
안스리움을 꽂아서 프레임과 칼라, 질감의 대비효과를 주었으며
매장 입구장식으로 어울리는 디자인이다.

소재 | 이끼, 스티로폼, 회양목, 구슬 등

공간
장식

암벽의 생명

제작

2009년

특징

암벽사이로 생명이 움트는 모습을 형상화 하여 만든 디자인으로서
이끼를 볼륨감 있게 스티로폼에 고정하여
바위형상을 투명감 있게 표현하였으며
회양목 끝에는 구슬을 메달아 불빛에 반사되어 비가 그친 후
나무 끝에 영롱히 빛나는 빗망울을 표현했고 스티로폼 속에
워터픽을 넣어서 절화는 수분공급이 되도록 하였다.
전시장 입구 장식으로 어울리는 디자인이다.

소재 | 적말채, 느티나무, 나뭇잎, 코스모스, 망개열매 등

공간
장식

가을

제작

2010년

특징

말채로 둥근프레임을 만들어 느티나무가지를 이용하여
투명감 있게 안으로 모이는 형태로 고정하여
망개 열매를 가지 끝에 꽂아준다.
가을 바람에 한들거리는 코스모스의 자연스러운 모습을
잘 표현할 수 있도록 한다.
작품 뒷쪽이 모두 보이도록 투명감 있게 디자인 한다.
매장 입구 윈도우안에 디스플레이용으로 어울리는 디자인이다.

소재 | 오죽, 편대, 세죽, 찔레, 메리골드 등

공간
장식

태양

제작

2014년

특징

편대를 이용하여 둥근형태의 리스를 만들고
1cm가량으로 찢은 오죽을 크레센트 형태로 2개 만들어
필로티기법으로 리스를 고정한다.
산 능선사이로 태양이 떠오를 때 모습을 형상화 하였다.
세죽을 리스 속에 고정하여 질감대비를 나타낸 후
잔잔한 꽃을 이용하여 디자인을 완성한다.
매장 입구장식으로 어울리는 디자인이다.

소재 | 대나무, 메리골드, 드라세나레인보우 등

**공간
장식**

TV속의 이야기

제작

2014년

특징

TV를 통해 즐거움을 느낄 때가 많아서 그 모습을 형상화하였다.
대나무줄기의 매끄러움과 세죽의 거친 질감의 대비효과를 주었으며
대나무 잎은 바닥에 깔아 줌으로써 안정감을 주었다.
매장 입구장식이나 윈도우 안에 디스플레이용으로 적당하다.

소재 | 느티나무, 안스리움, 호엽란 등

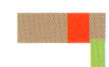

40 프레임을 이용한 화훼장식

공간
장식

기쁨

제작

2015년

특징

느티나무를 비대칭 반구형태로 투명하게 프레임을 만들어
금색 스프레이 락카를 칠해서 겨울에 디피했을 때
따뜻하게 느껴지도록 하였고
시간이 지난 후 벌레가 먹지 않도록 하였다.
안스리움을 꽂아서 칼라대비를 주었다.
매장 입구나 윈도우 디스플레이용으로 어울리는 디자인이다.

소재 | 원목, 18번 누드철사. 버터플라이, 옥시, 골든볼, 리시안셔스, 호엽란 등

> 공간
> 장식

계절따라

제작

2018년

특징

원목으로 직사각 프레임을 만든 후
직사각 안쪽으로 18번 철사를
교차로 고정한다.
워터픽을 카파와이어를 이용하여 고정한 후
계절에 따라 꽃을 다르게 꽂아서
계절감을 느끼게 한다.

예시 |

소재 | 한지, 스티로폼, 소나무뿌리, 적말채, 틸란디시아 등

공간 장식

합장

제작

2018년

특징

스티로폼을 크레센트 형태로 잘라서 한지를 붙이고
나무를 얇게 오린 토막들을 한지 위에 붙여서
질감의 변화를 준다.
소나무뿌리를 프레임에 고정한 후
공중식물들을 이용하여 디자인한다.
철재오브제에 끼워서 필로티형태로 만들어 긴장감을 준다.
매장 디스플레이용으로 이용한다.

소재 | MDF합판, 삼지목, 보존화수국

공간
장식

숲

제작

2016년

특징

사각형태의 MDF합판 중간을 원형 형태로 오려낸 후
검은색 아크릴 칼라를 칠한다.
삼지목을 둥근 공간에 끼워서 고정한 후
보존화 수국으로 디자인한다.
장소와 시간에 구애받지 않고 언제 어디에나
디피가 가능하다.

소재 | 왕버들, 나뭇잎, 철재오브제

공간장식

사랑

제작

1999년

특징

철재오브제를 하트형태로 만들어 왕버들을 고정하여
하트를 만든 디자인이다.
소재를 단순하게 사용하여
시간이 지나도 그대로 드라이가 되도록 하였다.
바닥부분에는 계절에 따라
나뭇잎 또는 꽃잎 등을 깔아주어 안정감을 주었다.
매장 입구 또는 윈도우안 디스플레이용으로 적합하다.

소재 | 적말채, 오브제, 목화, 꽈리, 이끼 등

공간장식

人

제작

2000년

특징

사람인 자를 한자로 표현하였으며
사람은 서로 의지하며 살아가는 존재를 나타내고자 하였다.
자연건조가 가능한 소재들을 이용하여 디자인하였으며
공간이 큰 로비에 어울리는 디자인이다.

소재 | 적말채, 노박덩굴, 연밥, 다래덩굴, 은행잎 등

공간장식

만추

제작

2018년

특징

가을에 장식 할 목적으로 제작 되었으며
가을 느낌과 시간이 지날수록 자연건조가
잘 되는 소재를 이용하여 디자인 했다.
적말채를 은행잎형태로 프레임을 만들고
바닥부분에는 은행잎을 깔아서 통일감과 안정감을 주었다.

소재 | 오리목, 미니호접란, 호엽란, 남천열매, 카파와이어, 스티로폼, 한지 등

공간
장식

책장을 펼치며

제작

2017년

특징

책장을 펼친 형태를 형상화하였으며

남천열매를 카파와이어와 연결하여 면 처리를 해주되

투명함이 나타나도록 해 주며

오리목으로 선을 나타낸 후 꽃을 어렌지 한다.

도서관 입구 또는 복도에 어울리는 디자인이다.

소재 | 스티로폼, 한지, 다래넝쿨, 극락조, 노박덩굴 등

공간장식

만남

제작

2011년, 황현숙

특징

직사각형 스티로폼 프레임에 한지를 바른 후
다래넝쿨로 반원형태로 프레임을 만든다.
극락조가 서로 마주보게 어렌지 하여
만남을 의미하도록 하였다.
사무실 벽면에 어울리는 디자인이다.

소재 | 적말채, 대나무살, 스마일락스, 메리골드, 장미, 엽란, 한지 등

공간장식

지구

제작

2021년

특징

필로티기법으로 구성하였으며 적말채를 하루정도 수분공급을
하지 않은 후 u자형태로 휘어서 철사로 고정한 후 3개를 합쳐서
세울 수 있는 지지대를 만들어 준다.
윗부분 지구형태 외형 쪽으로 적말채를 약간 휘게 하여
드릴로 2개씩 연결하여 면이 나타나도록 만든 후
엽란을 몇군 데 붙여서 면을 강조한다.
지지대로 만든 u형태의 적말채 프레임과 연결시킨 후
지구형태의 프레임을 고정한다.
대나무살을 짧게 잘라서 갈란드를 만들어 지구형태의 중간지점에
고정하여 질감대비 효과를 나타내면서 꽃을 어렌지 하기 좋게 만들어 준다.
정형화 되어 딱딱한 느낌의 디자인에 스마일락스를 비대칭으로
어렌지하여 부드럽게 마무리 한다.
매장이나 사무실 등의 코너 장식으로 잘 어울린다.

소재 | 적말채, 분재와이어, 쥬트, 거배라, 장미, 맨드라미, 호엽란, 옥시 등

공간장식

컵 안에서

제작

2021년

특징

깊이감을 주기위해 적말채를 5개 정도를 1cm간격으로 띄워서
드릴을 이용하여 고정하여 2개의 판을 만든다.
살짝 휘게 만들어 하단부분에 적말채로 고정하여
컵 모양이 되도록 프레임을 완성한다.
드릴을 이용해 분재와이어에 공기를 빼서 단단하게 만든 후
여러개의 서로 다른 크기의 나뭇잎 형태를 만든다.
크림색의 쥬트를 짧게 잘라 아스테이지를 깔고 물을 뿌린 후
자른 쥬트를 올리고 스프레이 본드를 뿌린 후
장갑을 낀 상태로 톡톡 두드려 보자기처럼 납작하게 면을 만들어 준다.
보자기처럼 만든 쥬트를 말린 후
나뭇잎모양의 분재와이어에 붙여주어 형태를 완성한다.
나뭇잎형태의 프레임을 컵 형태의 프레임 안쪽에 장식한다.
워터픽에 18번철사를 고정한 후 말채 프레임에 고정하여
꽃을 어렌지 한다.
컵 형태의 프레임 안쪽에만 디자인 되기 때문에
공간차지는 많이 하지 않으며 매장이나 사무실 등에 장식하면 잘 어울린다.

소재 | 능수버들, 코스모스, 호엽란 등

**공간
장식**

와인의 향기

제작

2013년

특징

능수버들을 끝선이 자연스럽게 연출 되도록 하여
와인 잔 형태로 프레임을 만든 후
와인 잔 형태의 밑 부분 능수버들 사이에 워터픽을 여러개 고정한다.
계절 꽃 중에서 자연스러운 선을 나타내는 꽃들로 어렌지 한다.
축하 와인을 마시는 공간에 장식하여 행사의 의미를 더해준다.

소재 | 능수버들, 코스모스, 호엽란 등

공간
장식

제작

2021년

특징

보석 모양의 기하학적 형태의 프레임을 대나무를 이용하여
필로티기법으로 고정한다.
삼지목을 가로로 하여 프레임속에 고정한 후
워터픽을 18번 철사를 이용하여 삼지목에 고정한다.
꽃과 줄맨드라미는 수직형태로 어렌지하여 삼지목과 대비되도록 한다.
사무실 또는 매장의 벽면 쪽으로 잘 어울리는 디자인이다.

소재 | 갈대줄기, 해바라기, 향나무가지, 으름덩굴 등

공간
장식

서산에는

제작

2010년

특징

산중턱에 안개가 내려앉은 모습을 형상화 하여 디자인 하였으며
갈대발을 풀어서 2개씩 교차하여 고정 후
원추형태로 프레임을 만들었다.
안개가 내려앉은 지점에는 향나무 가지로 고정하여
갈대줄기와의 질감대비를 주었다.
해바라기로 포인트를 주었으며
으름덩굴로 곡선을 나타내어 선의 대비효과를 주었다.
공간이 넓은 코너장식으로 잘 어울린다.

소재 | 능수버들, 망개, 해바라기, 곱슬버들 등

공간
장식

희망

제작

2009년

특징

능수버들을 이용하여 크레센트 형태로 프레임을 만든 후
망개로 볼륨감과 칼라대비를 주었다.
프레임 중앙에 워터픽을 수직으로 고정하여 해바라기를 어렌지 하였다.
공간이 작은 가정집 문갑 위나
사무실 벽면쪽 테이블 위에 장식하기에 적당한 디자인이다.

소재 | 능수버들, 망개, 디자인와이어, 은행잎, 후박나무잎 등

공간 장식

풍요

제작

2010년, 박언숙

특징

능수버들을 코르누코피아형태(풍요의 뿔)로 프레임을 만들어
은행잎을 디자인와이어와 연결하여 부피감과 반짝이는 효과를 주어
쏟아지는 듯한 형상으로 풍요로움을 연출하였다.
매장 윈도우 장식으로 어울리는 디자인이다.

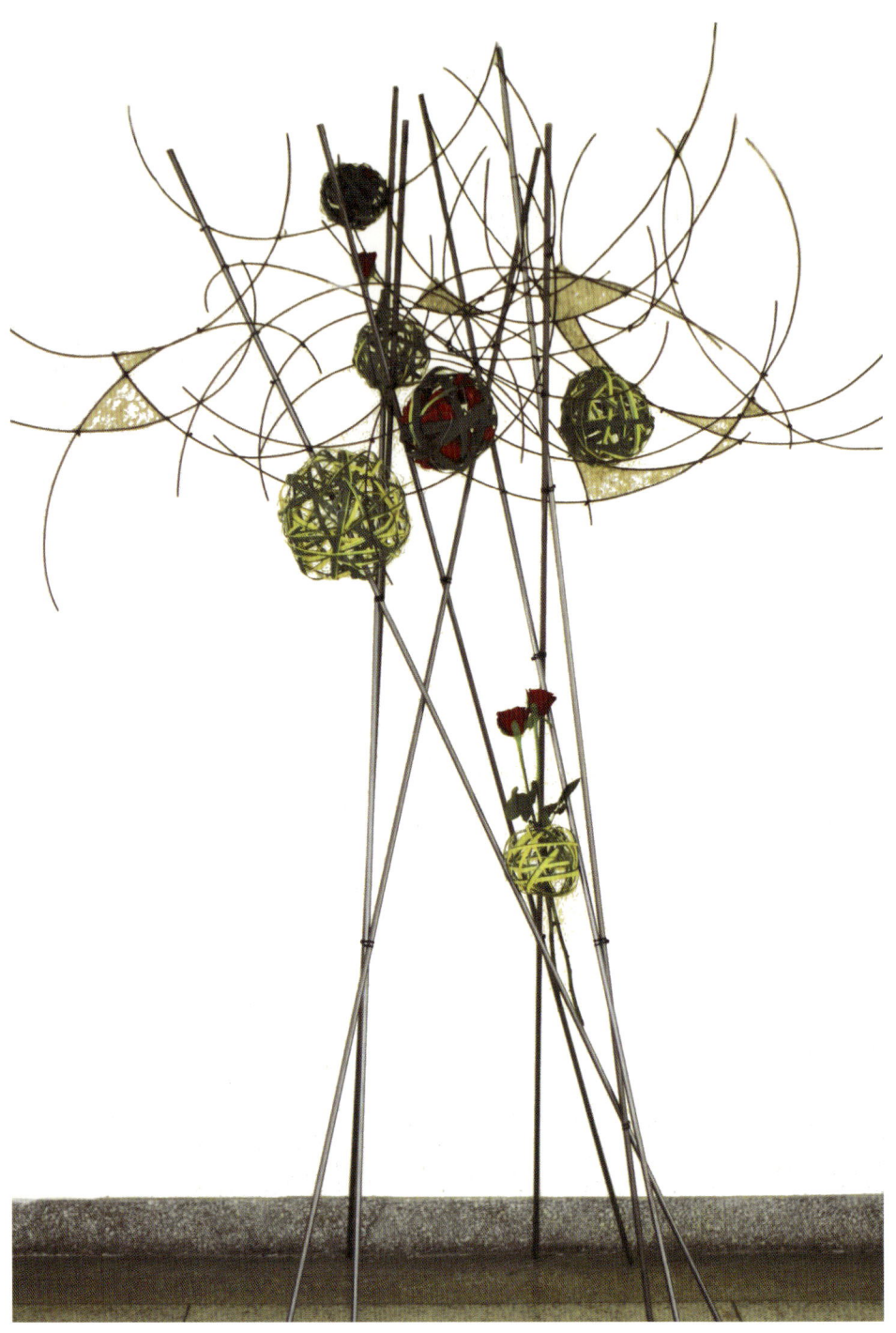

소재 | 철재, 14번철사, 18번 철사, 한지, 장미, 잎새란 등

공간장식

나무

제작

2007년

특징

철재스틱 7개를 교차로 그루핑하여 고정한 후
굵은 철사를 둥글게 감아서 반으로 자르면 반원 형태로 나타나는데
그 철사를 윗부분에 교차하여 고정한다.
선들이 교차하면서 삼각형태의 면이 나타나는 곳에는
한지를 붙여서 면을 만들어 준다.
18번 철사로 둥근 구형태의 넷트를 만들어 잎새란을 감싼다.
둥근 볼을 주, 역, 부 그룹으로 배치하고 주그룹에는 장미잎을 붙여서
칼라를 이용하여 강조를 한 후 장미를 꽂는다.
공간이 큰 로비 장식으로 적당하다.

소재 | 대나무, 느티나무, 헬리코니아, 거북등알로카시아, 줄맨드라미 등

공간
장식

제작

2008년

특징

대나무를 1cm정도로 쪼개어서 둥근리스를 만들고
느티나무를 이용하여 대나무 리스를 화기에서 분리시키기 위하여
필로티방법으로 어렌지 하였다.
헬리코니아로 필로티 기법의 대나무리스에 포인트를 주었다.
매장 윈도우 디스플레이용으로 적당하다.

소재 | 적말채, 잣솔방울, 리본, 포인세치아, 비단향나무, 편백, 루스커스 등

**공간
장식**

크리스마스 트리

제작

2021년

특징

성탄절 무렵 단체 수업용으로 만든 트리장식이다.
적말채를 원추형태로 만들어 필로티형태로 화기에 고정하고
비단향과 편백, 루스커스 등의 그린소재로 원추형태를 완성한다.
솔방울 및 기타 성탄 느낌이 나는 소재들로 어렌지 한 후
수은전구를 말채프레임에 감는다.
초보자들이 쉽게 만들 수 있고 겨우내 가정에 장식 할 수 있고
가습효과에도 좋다.

소재 | 능수버들, 포도나무, 이끼 등

공간 장식

Q

제작

2001년

특징

2001년 전시회 때 '사랑이란 무엇인가?' 라는 제목으로 전시를 하면서
'무엇인가?' 라는 것을 Q로 표현한 디자인이다.
능수버들을 원형 형태를 만들고
포도나무 곡선으로 Q의 곡선을 표현하고 능수버들로 마무리 하였다.
꽃이 들어가지 않고 소재로만
디자인하여 오랫동안 디피가 가능하도록 하였으며
매장 입구장식이나 전시장 입구 장식으로 활용한 디자인이다.

소재 | 대나무, 망개, 한지, 자갈, 아스파라거스, 클레마티스, 옥시 등

공간
장식

제작

2008년

특징

어린 대나무를 좁게 찢어서 트로피 형태로 프레임을 만들었다.
여름의 시원함을 느끼게 하고자 푸른색 한지를 붙여서 면을 만들고
옥색 자갈을 깔아주었다.
프레임 속에 꽃들이 잘 보이도록 어렌지 하여 투명감을 강조하였다.
수상을 축하하는 파티에 어울리는 디자인이다.

소재 | 능수버들, 호접란, 장미, 이끼, 넝쿨 등

공간
장식

사랑

제작

2008년 이경미

특징

♡형태의 철재오브제에 능수버들을 감아주고
비대칭으로 작은 ♡를 만들고 야생덩굴로 공간의 변화를 준다.
호접란으로 ♡를 강조하며 사랑이라는 표현을 한 디자인이다.
프레임 밑부분의 작은 ♡는 신문지로 프레임을 만든 후
장미잎을 붙여주었다.

소재 | 토분, 곱슬버들, 클레마티스, 장미, 거배라, 아스파라거스, 자갈 등

공간
장식

제작

2008년 손성순

특징

토분에 곱슬버들을 고정 후 둥근 나무를 형상화 하여
투명감 있게 프레임을 제작 후
주조색을 오렌지와 엘로우톤으로 하여
유사색 조화가 되도록 디자인 하였다.

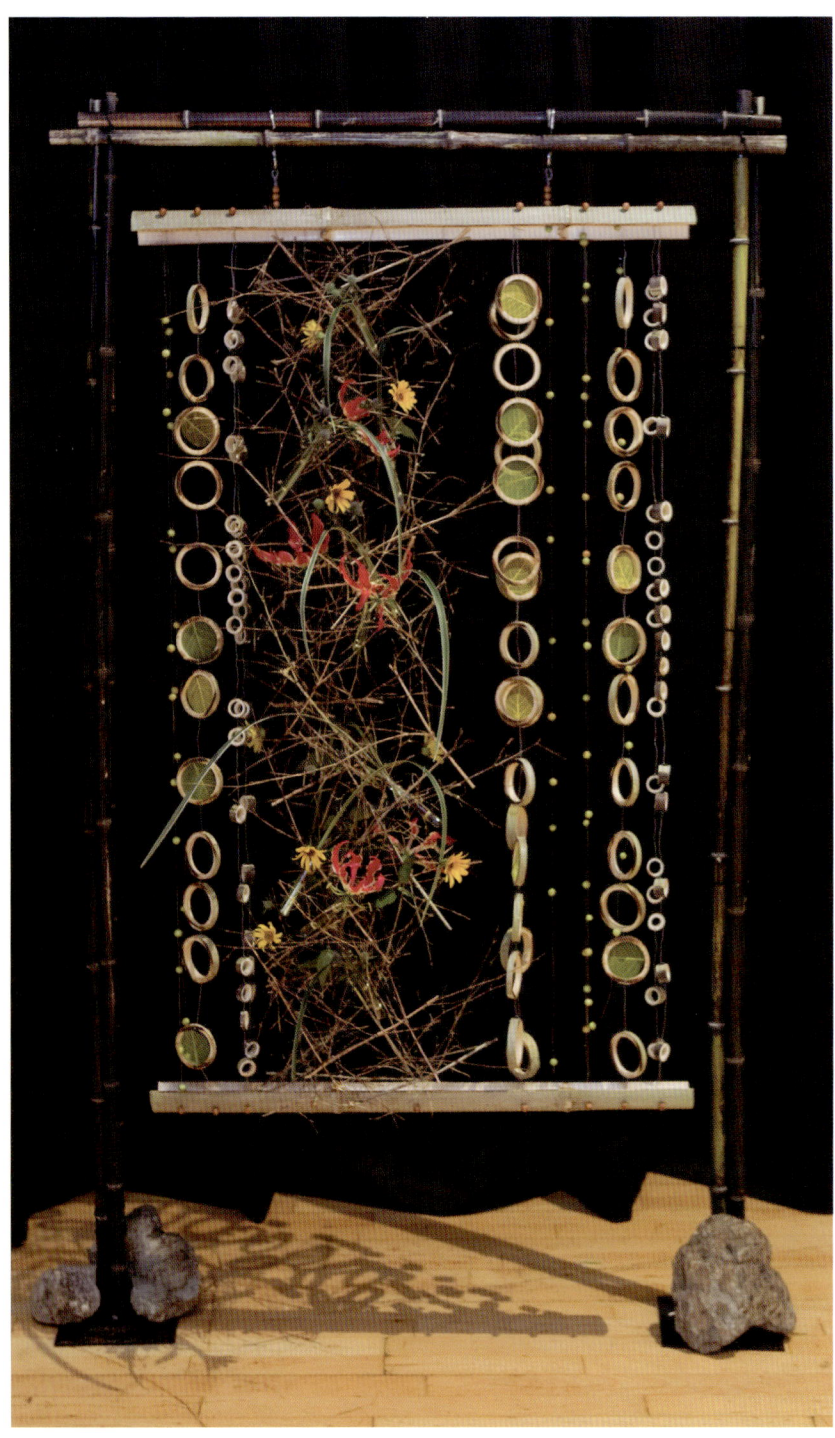

소재 | 대나무, 세죽, 스켈톤잎, 망개열매, 호엽란, 글로리오사 등

플라워 스크린

 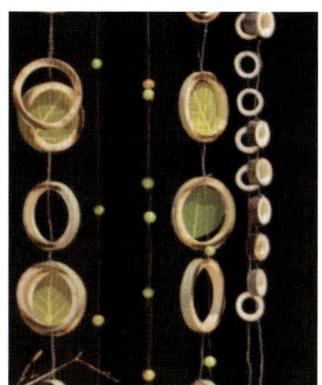

제작

2009년

특징

공간과 공간사이에 살짝 가리면서 투명감 있게 하여
공간을 연결시키는 효과가 있는 디자인으로서
대나무를 1cm정도 간격으로 잘라 스켈톤잎을 넣어서
투명감 효과를 더 많이 주고자 하였다.
세죽으로 투명감 있게 프레임 제작하여 질감 대비를 나타내었다.

소재 | 말채, 틸란디시아, 해바라기, 자리공, 다래넝쿨 등

절화
장식

나비

측면

제작

2021년

특징

화기에 꽃을 꽂는 것이 아니라 긴장감을 주고자
필로티 방법으로 디자인 한 것이며
드릴을 이용하여 화기와 대나무에 구멍을 낸 후
말채줄기를 끼워서 화기에 연결하여 고정 하였다.
꽃은 최대한 절제하여 선을 강조하였으며
무게중심을 잡고자 화기 속에 자갈과 물을 부어 주었다.
중심축을 기준으로 양쪽 날개부분의 반원 형태의 프레임은
투명감 있게 띄워주고 다래넝쿨로 선을 강조하였다.
매장 코너 장식으로 잘 어울리는 디자인이다.

소재 | 느티나무, 장미, 잎안개, 거배라, 카네이션 등

절화
장식

제작

2009년, 이말숙

특징

화기 속에 스티로폼으로 채운 후
느니타무를 필로티형태로 세운 후
느티나무 잔가지로 프레임을 만들어
그 속에 워터픽을 고정하고
붉은색 계열의 꽃들을 어렌지 하였다.
12월에 어울리는 절화장식이다.

소재 | 능수버들, 온시디움, 미니장미, 소국, 스마일락스, 다래넝쿨 등

행잉장식

제작

2008년, 유경희

특징

천장쪽에 매달아서 감상하는 행잉장식으로서
능수버들을 이용하여 둥근 원판형태의 구조물을 만든 후
다래넝쿨을 이용하여 갈란드를 만든다.
가볍고 방향성이 있는 꽃들을 워터픽에 꽂은 후
스마일락스로 율동감을 준다.
약한 바람에도 움직임이 있는 리듬감을 연출한 디자인이다.

소재 | 적말채, 한지, 스프레이카네이션, 진달래 나뭇가지 등

벽장식

추억

제작

2020

특징

옛날 어릴 때 많이 보던 풍경들을 떠올리며
눈을 살며시 뜨고 추억을 그려보는 형상을 디자인 한 것으로서
한지 끝부분을 살짝 그을리고 한지사이로 꽃이 보이도록 하였다.
넓은 벽면에 장식하여 계절에 따라 다른 꽃들로 어렌지 하여
창문 밖의 풍경을 실내에서 자연스럽게 감상하도록
어렌지 한 디자인이다.

소재 | 한지, 안스리움, 오동추라인, 아스파라거스, 스티로폼 등

벽장식

선의 아름다움

제작

2007

특징

직사각 스티로폼에 끝을 그을린 한지를 덧붙여서
그을린 선들이 율동감이 표현되도록 하여 프레임을 완성한다.
프레임 속에 오동추 라인의 아름다운 선들을 잘 표현한 후
안스리움으로 포인트를 주어 어렌지한다.
프레임 밖에도 오동추 라인의 흐름을 그대로 연결시켜
프레임을 좀 더 부드럽게 연출 하였으며
공간이 넓은 벽면에 잘 어울리는 디자인이다.

소재 | 한지, 스티로폼, 칡덩굴, 디쉬디아, 틸란디시아, 노박덩굴 등

벽장식

제작

2009, 박영희

특징

한지를 불에 살짝 그을려 스티로폼에 여러겹 붙여주어
율동감이 나타나는 한지 프레임을 만든 후
칡덩굴을 이용해 거미줄 구조물을 만든 후
다육 성질이 있는 식물들을 어렌지 한다.

소재 | 참나무굴피, 나뭇가지, 뿌리 등

벽장식

제작

2009, 신정화

특징

나무판으로 벽장식 프레임을 만든 후
나뭇가지 형태를 만들어
마지막 잎새를 표현한 디자인이다.

소재 | 삼지목, 이끼, 보존화, 드라이플라워 등

벽장식

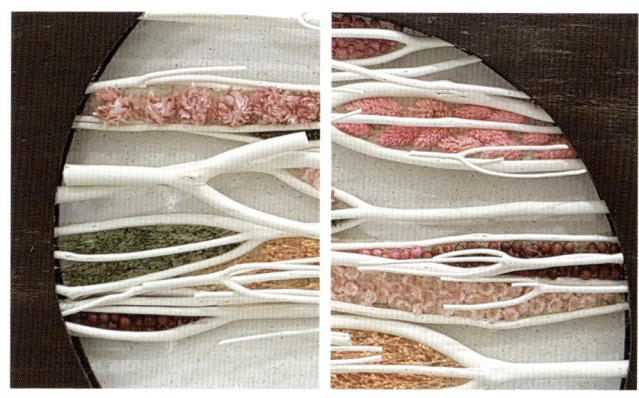

제작

2018년

특징

아크릴칼라를 칠한 정사각 합판에

둥근 형태의 공간을 만들고

디자인이 투영될 수 있도록 삼지목의 선들을 살린 후

보존화를 이용해 콜라주형태로 디자인 하였다.

Part.2
테이블 장식

테이블장식(Table design)은 작게는 식사 또는 차 테이블에서, 뷔페 또는 행사시 사용되는 테이블에 아름다움을 강조하기 위해 제작되는 장식품을 모두 일컫는다. 환영의 의미를 주기 위해 색의 강조가 있어야 하고, 테이블의 높이(좌식, 입식), 모양(원탁, 정(직) 사각 테이블), 크기에 따라 작품의 형태가 달라질 수 있고 행사의 내용과 주변 환경, 행사시간 등에 따라 다르게 디자인 되어야 한다.

소재 | 대나무살, 노박덩굴, 조, 들깨, 고추씨앗, 작살나무열매 등

테이블 장식

한국의 미

제작

2012

특징

대나무살을 이용하여 둥근 원판을 2개 만들어 중첩시킴으로써
깊이감과 투명감을 나타냈으며
우리나라 전통문양 형태에 열매들을 이용하여
콜라주기법으로 나타내었으며
노박덩굴의 선을 이용하여 면과 선의 대비효과를 주었다.

소재 | 오죽, 삼지목, 18번 철사, 미니호접란, 호엽란 등

테이블 장식

만찬

제작

2020년

특징

테이블장식으로 디자인 되었으며
오죽을 1cm 간격으로 톱질을 하여 자연스럽게 휘도록 하고
양끝을 철사로 고정한 후 필로티기법으로 디자인한다.
18번철사를 오죽줄기에 고정한 후 삼지목을 깊이 꽂아준다.
워터픽을 고정한 18번 철사를 삼지목에 고정한다.
철사끝은 망개열매를 꽂아서 마무리하고
자연스러운 꽃들을 교차로 디자인한다.
칵테일파티에 어울리는 테이블디자인이다.

소재 | 향나무, 해바라기, 장미, 엽란, 호엽란, 델몬트국화, 아스파라거스 등

테이블 장식

기쁨

제작

2012년

특징

향나무 가지를 교차로 프레임을 만든 후
주그룹, 대항그룹, 보조그룹별로 꽃의 강약을 주어 어렌지 한다.
장미와 엽란 등으로 향나무 프레임과 질감대비를 주고
아스파라거스로 부드럽게 마무리 한다.
테크닉을 많이 하지 않고 자연스럽게 어렌지 한 디자인으로서
축하파티에 어울리는 테이블 장식이다.

소재 | 말대, 오죽, 자작나무수피, 풍선초, 글로리오사 등

테이블
장식

제작

2014년

특징

오죽을 1cm폭으로 쪼개어 c자형태로 2개씩 만들어서 면을 만들고
그 공간을 자작나무 수피로 면을 채운다.
25cm길이의 적말채를 여러 개 잘라서 4개씩 면형태가 되도록 만들어
c자형태의 대나무 프레임과 함께
공간감을 살려 마주보게 프레임을 만든다.
글로리오사와 풍선초를 자연스럽게 어렌지 한다.
풍기인삼축제 오프닝 때 대학교 강당 내의 큰 공간에
내빈들을 위한 환영리셉션장 테이블 장식으로 어렌지 되었으며
공간이 넓은곳의 테이블장식으로 잘 어울린다.

소재 | 곱슬버들, 덴파레, 호엽란, 아스파라거스 등

테이블 장식

환영

제작

2012년

특징

곱슬버들을 교차로 고정한 후 윗부분에서 수평교차로 고정하였다.
주, 역, 부 그룹으로 나누어 강, 약을 주면서 꽃을 어렌지 한다.
칵테일 파티 등에 어울리는 테이블장식이다.

소재 | 아크릴스틱, 수국, 아스파라거스, 수레국화, 옥시 등

테이블 장식

청량함

제작

2008년

특징

아크릴스틱을 교차로 고정한 후 윗부분에는 수평교차로 고정한다.
수국으로 포인트를 주고 잔잔한 꽃들로 어렌지 하였다.
유리화기 속에 파란물감을 살짝 첨가하여
여름의 시원함과 꽃과의 통일감을 주었다.
더운 여름에 적당한 칵테일파티 테이블장식이다.

소재 | 곱슬버들, 카라, 장미, 투명볼, 양초, 유칼립투스, 은색락카 등

테이블 장식

제작

2012년, 손성순

특징

성탄절 맞이 테이블장식으로서

곱슬버들을 u자형태로 구조물을 만든 후 스프레이 락카를 뿌려준다.

흰색계열의 꽃들을 그루핑하여 어렌지하고

투명 볼과 양초를 넣어 성탄절 분위기를 만들어준다.

식사 테이블장식으로 어렌지 하였으며

꽃만 교체하면서 공간장식으로도 가능하다.

소재 | 능수버들, 말채, 클레마티스, 장미, 풍선초, 아스파라거스, 호엽란 등

테이블
장식

제작

2012년, 이경미

특징

말채를 이용하여 아치 형태로 구조물 뼈대를 만든 후
능수버들로 공간감을 살리며 프레임을 완성한다.
양쪽 끝부분 테이블에 닿는 부분은 부드럽게 마무리 하고자
은행잎으로 마무리 하였으며
넝쿨 식물을 이용하여 어렌지 하였다.
2인정도의 테이블장식으로 적당하다.

소재 | 느티나무, 찔레, 미니백일홍, 소국, 호엽란 등

테이블
장식

제작

2012년, 허영미

특징

느티나무를 수직으로 울타리형태로 프레임을 만든 후 찔레나무의 선을 살리면서 프레임을 견고하게 만든다. 워터픽을 프레임 사이에 수직으로 고정하여 어렌지 한다.

소재 | 나무토막, 하드보드지, 미니거베라, 아스파라거스, 스마일락스 등

테이블 장식

제작

2012년, 윤명자

특징

우리나라 지도형태를 나무토막으로 프레임을 만들고
꽃을 어렌지한 테이블장식이다.
하드보드지에 지도모양을 그려서 오린 후 나무토막을 붙이고
그 사이에 워터픽을 고정한다.
미니백일홍을 수직교차로 어렌지 후
아스파라거스로 율동감을 나타낸다.

소재 | 느티나무, 야생덩굴, 해바라기, 거베라, 아게라덤 등

테이블
장식

제작

2012년, 박수정

특징

느티나무를 입체적인 직사각 프레임을 여러 개 만든 후
넝쿨로 율동감을 주고 칼라는 보색대비를 나타내어
어린이들의 파티 테이블에 어울리는 테이블 장식이다.

소재 | 와이어, 한지, 호엽란, 미니장미, 라벤다꽃 등

테이블 장식

제작

2012년, 박언숙

특징

와이어를 둥근 새집모양으로 넷팅하여
한지를 본드와 함께 물에 풀어서
그 속에 와이어프레임을 담가 만든 프레임이며
그 속에서 반가운 소식이 들리는 듯한 형태의 테이블 장식이다.

소재 | 능수버들, 장미, 안스리움, 아게라덤, 아스파라거스, 풍선초 등

130 프레임을 이용한 화훼장식

테이블
장식

제작

2012년, 신정화

특징

능수버들을 구형태의 프레임을 다양한 크기로
여러 개 만든 후 서로 연결시켰으며
주그룹에는 강한 색상으로 그루핑하여 포인트를 주고
대항그룹과 보조그룹에는 좀 더 약한 색상의 꽃으로 어렌지하여
전체의 균형을 잡아 주었다.

소재 | 적말채, 은행잎, 안스리움, 망개, 장미, 소국, 모형과일 등

테이블 장식

제작

2012년, 최경심

특징

풍요로운 가을을 담은 형상으로 디자인 하였으며
적말채로 낮게 프레임을 만들어 모형과일과 꽃들을 담았고
은행잎은 갈란드를 만들어 러너를 만들었다.
가을 행사에 적합한 테이블 장식이다.

소재 | 한지, 대나무, 분재와이어, 소국, 드라세나 레인보우 등

테이블 장식

제작

2012년, 홍경미

특징

붓에 물을 묻혀 한지를 사각형으로 자연스럽게 잘라서
분재와이어에 끼우고 양쪽 가장자리에 느티나무로 고정하고
잔가지는 자연스러운 선이 나타나도록 하였다.
한지 사이에 분재와이어에 워터픽을 고정하여
꽃을 어렌지한 테이블 장식이다.

소재 | 느티나무, 다래넝쿨, 장미, 백묘국, 잎안개, 아스파라거스 등

테이블
장식

제작

2012년, 이말숙

특징

느티나무를 수직으로 하여 리스 프레임을 만든 후
나무사이에 워터픽을 고정 후
레드 장미를 어렌지하여 테이블과 통일감을 주었다.
12월에 어울리는 테이블장식이다.

Part.3
꽃다발

Bouquet라는 단어는 프랑스어의 발음으로, 작은 숲 bosquet란 어원의 라틴어 보스크(bosc, bosk)와 관목을 의미하는 bush를 어원으로 하여 만들어졌다. 프랑스어로 꽃이나 향이 있는 풀들의 묶음을 말한다. 또는 장식용이나 증정용으로 꽃이나 식물 잎을 한 다발로 묶어놓은 꽃다발을 의미한다. 여기에서 소개하고자 하는 꽃다발은 핸드타이드이다.

:: 핸드타이드 부케(handtied bouquet)

윗부분 꽃 배열은 주로 방사형으로 하고 묶음점(binding point)을 나선형 또는 평행형으로 만들어 주어 끈으로 고정한다. 꽃다발을 증정 받은 사람은 그대로 화병에 꽂아 장식이 가능하도록 하는 디자인이다.

소재 | 대나무살, 줄맨드라미, 장미, 거베라, 카네이션, 골든볼, 솔잎, 한지, 리시안셔스, 솔리스트 등

꽃다발

제작

 2009년

특징

 대나무 살을 이용하여 구형태의 프레임을 만드는데
 구 중간지점에서 서로 선들이 교차 되도록 하여
 질감의 대비 효과를 주며 중간지점에 볼륨감이 나타나도록 한다.
 선이 교차하면서 삼각형이 나타나는 부분에
 한지를 붙여서 면을 만들어 준다.
 선들이 교차하여 볼륨감들이 나타난 중간지점에 꽃들을 어렌지 한 후
 솔잎으로 갈란드를 만들어 꽃위에 살짝 올려주어
 부피감과 운동성을 나타낸다.
 구의 중간지점에만 꽃을 어렌지하여
 전체적으로는 투명함이 나타나는 꽃다발이다.

소재 | 다래넝쿨, 화살나무, 장미, 안스리움, 리시안셔스, 아이비, 호엽란, 유칼립투스, 거배라, 소국 등

꽃다발

제작

2007년

특징

화살나무로 둥근 원판 모양으로 프레임을 만든 후
다래넝쿨을 추가로 볼륨감 있게 프레임을 완성한다.
그린소재를 프레임에 먼저 약간 넣은 후
안스리움을 주그룹에 포인트로 넣고 다른 꽃들과 그린소재들을
적절하게 배열해서 마무리 한다.
2007년 지방대회때 만든 꽃다발로서
1시간이내에 완성해야 하고 구조물을 만들어서 하라는
문제에 맞추어 제작한 꽃다발이다.

소재 | 20번 와이어, 레드스틱, 망개, 장미, 소국, 유칼립투스 등

꽃다발

제작

2013년

특징

20번 와이어로 기본 프레임을 만든 후
레드스틱을 가장자리에 그루핑하여 붙여준다.
와이어프레임을 만들 때 철사를 자르지 않고 그대로 길게 남겨둔다.
질감과 칼라 대비를 위해 중간 중간 다른 소재로 붙여준 후
망개를 프레임 가장자리에 고정한다.
꽃을 어렌지 후 마끈으로 묶어서 마무리 한 후
길게 남겨 두었던 철사를 부드럽게 휘게 하여 망개 열매를 꽂아주고
꽃 위에서 살짝 교차시켜 율동감을 준다.
열매가 빠지지 않게 생화 본드를 이용한다.

소재 | 갈대줄기, 코스모스

꽃다발

제작

2013년

특징

갈대발을 풀어서 사각프레임을 만든다.
줄기가 약한 코스모스를 프레임 속에 넣어줌으로써
줄기보호와 함께 부피감을 더해주는 장점이 있다.
아스테이지 속에 물을 조금 넣고 묶어줌으로써
장시간 이동 시에 효과가 크다.

소재 | 편대, 극락조, 오동추라인, 맨드라미, 장미, 스토크, 신종셀렘 등

꽃다발

제작

2013년

특징

편대를 둥근 원판형태로 프레임을 만들어
폼플라워인 극락조를 길게 넣고
다른꽃들은 질감대비효과가 나타나도록 하며
오동추라인으로 율동감을 준다.

소재 | 편대, 세죽, 만천홍, 호엽란 등

꽃다발

제작

2013년

특징

편대를 리스형태로 프레임을 2개 만들어
중간에 세죽으로 공간감을 주며
구조물을 만들고 세죽으로 크레센트 형태가 되도록 어렌지 후
호접란과 호엽란을 넣어 완성한다.
꽃을 많이 넣지는 않았지만 호접란을 넣어
충분한 공간을 주어서 꽃의 특징을 잘 나타내 주었다.

소재 | 세죽, 노란코스모스, 보리사초 등

꽃다발

제작

2013년

특징

세죽을 투명감 있게 구조물을 만든다.
구조물 속에 선이 약한 꽃과 소재를 넣어 마무리 한다.
약한 꽃만으로 꽃다발을 하면 부피감이 많이 약하기 때문에
구조물을 이용하여 디자인하였으며
세죽과 자연스럽게 어울리도록 어렌지 하였다.

소재 | 브론즈넷, 자작나무 수피, 루드베키아, 천일홍, 잎안개 등

꽃다발

제작

2013년

특징

브론즈넷을 둥근 리스형태로 만들고
꽃의 고정을 쉽게 하기 위해 바닥부분에도 함께 연결한다.
자작나무 수피를 구조물 가장자리 부론즈넷에 끼워 넣는다.
꽃이 깊이감이 나타나도록 높낮이를 주며 넣어준다.
구조물을 이용한 작은 꽃다발로서 짧은 시간에 제작이 가능하여
샵에서 주로 판매가 용이한 꽃다발이다.

소재 | 말채, 오리목, 다래넝쿨, 장미, 잣솔방울 등

꽃다발

제작

2013년

특징

말채줄기를 사각리스형태의 구조물을 2개 만든 후

오리목으로 볼륨감을 주면서 고정한다.

성탄절 무렵의 꽃다발이라서 구조물을 금색 스프레이 락카를 뿌렸다.

잣솔은 갈색 지막기 철사를 연결하여

나뭇가지 줄기에 연결하여 길이를 만들어 주어

구조물 속에 꽃과 함께 어렌지 한다.

다래넝쿨을 이용하여 면으로 구성된 꽃다발에

선의 대비 효과와 공간감이 나타나도록 어렌지한다.

소재 | 곱슬버들, 장미, 잎안개, 거베라, 다알리아, 유칼립투스, 아트파라거스 등

꽃다발

제작

 2013년

특징

 곱슬버들을 보겐 스타일로 구조물을 만든다.
 부드러운 선의 끝부분들이 밑으로 향하도록 하여
 가급적 수평적 형태가 되면서 아래로 흘러내리는 듯한
보겐스타일 구조물 속에 꽃을 어렌지 한다.
 아스파라거스로 마무리를 하여 율동감과 깊이감을 준다.

소재 | 레드스틱, 스카비오사, 보리사초, 디스텔 등

꽃다발

제작

2013년

특징

레드스틱을 수평형태로 구조물을 만들고

그 속에 선이 약한 소재들과 꽃을 어렌지 한다.

수평형태의 꽃다발로서 테이블장식으로 활용하여도 좋다.

소재 | 분재와이어, 빨간장미, 뷰리언와이어, 소국, 망개 열매, 아이비 등

162 프레임을 이용한 화훼장식

꽃다발

제작

2013년

특징

분재와이어를 원판모양으로 2개의 구조물을 만든 후
공간을 띄워 공간감있게 고정한다.
장미는 멜리아기법으로 만들어 큰 장미를 만들어 포인트로 넣어주고
장미 가장자리에는 장식적인 디자인을 해준다.
옆면에는 소국과 망개 열매를 이용하여 어렌지 한다.
구조물로 만든 작은 꽃다발로서 샵에서 인기가 좋은 꽃다발이다.

소재 | 삼지목, 18번 와이어, 구슬, 장미, 리사인셔스, 카네이션, 풍선초 등

꽃다발

제작

2013년

특징

18번철사 50cm 5개를 서로 교차시킨 후
리본끈을 이용하여 구조물을 만든다.
대칭 되도록 밑부문에도 같은방법으로 구조물을 만든다.
2개의 구조물 사이에 꽃을 어렌지 한 후
철사 끝부분에 구슬을 고정한다.

소재 | 갈대줄기, 장미, 아스파라거스, 호엽란 등

꽃다발

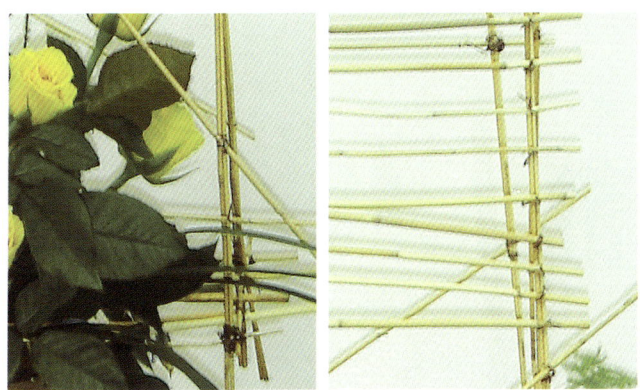

제작

2013년, 김은희

특징

갈대줄기로 투명함이 나타나도록 구조물을 만든 후
간단하게 꽃을 넣은 꽃다발로서
제작시간도 짧고 비용에 비해 효과가 큰 장점이 있다.

소재 | 갈대줄기, 장미, 해바라기, 풍선초, 연밥, 노박덩굴, 금잔화,
천일홍, 소국, 스토크, 루스커스 등

꽃다발

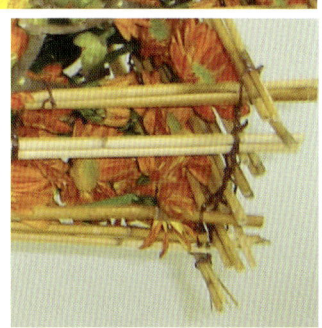

제작

2013년, 홍경미

특징

갈대줄기를 2개씩 묶어서 직사각 구조물을 만든 후
유사색의 꽃들을 질감대비 효과가 나타나도록 넣은 후
보색을 살짝 넣어 경쾌하게 만들고
노박덩굴로 선을 만들어 율동감과 깊이감을 나타내었다.

소재 | 조, 수수, 연밥, 꽃사과, 클레마티스, 칡덩굴, 그 외 여러 가지 열매들

꽃다발

제작

2013년, 박수정

특징

가을에 수확한 여러 가지 열매들을 이용하여 만든 꽃다발이다.
칡덩굴로 먼저 구조물을 만든 후 여러 가지 열매를 그루핑하여 넣고
클레마티스와 칡덩굴로 율동감과 공간감이 나타나도록 어렌지 하였다.
수확의 기쁨을 꽃다발로 만들어서 항아리에 담아 장식하였다.

소재 | 다래넝쿨, 장미, 카네이션, 아스파라거스, 레몬잎 등

꽃다발

제작

2013년, 소애분

특징

다래넝쿨을 바닥부분에는 수평형태로 구조물을 만들고
위에는 아치형태의 구조물을 만들었다.
어두운 칼라들의 꽃을 이용하였고
질감대비를 강조하며 꽃다발을 제작하였다.

소재 | 화살나무, 거배라, 극락조, 홍죽, 드라세나 마지나타, 루스커스, 너도밤나무 등

꽃다발

제작

2013년, 이경미

특징

화살나무로 정사각판의 구조물을 만든 후 꽃은 비대칭으로 배열한 꽃다발이다.

소재 | 적말채, 망개, 장미, 용담, 소국, 리시안셔스, 천일호, 해바라기, 루스커스 등

꽃다발

제작

2013년, 윤명자

특징

2개의 사각형 적말채 구조물에
질감대비를 강조하며 반구형태의 꽃을 어렌지 한 후
망개로 율동감을 나타낸 꽃다발이다.

소재 | 부들, 극락조, 망개, 장미, 소국, 다알리아, 메리골드 등

꽃다발

제작

2013년, 허영미

특징

부들을 이용하여 프레임을 만든 후 꽃을 어렌지 한다.

Part.4

신부부케
Bridal Bouquet

bouquet라는 단어는 관목을 의미하는 bush를 어원으로 하여 만들어졌다. 프랑스어로 꽃이나 향이 있는 풀들의 묶음을 말한다.

[부케의 사용 목적에 따른 구분]

:: 브라이달 부케(Bridal Bouquet)
  신부가 혼례식장에 들고 들어가는 부케

:: 고잉 어웨이 부케(Going away Bouquet)
  신혼여행 떠날 때 들고 가는 부케

:: 쇼 부케(Show Bouquet)
  피로연용 부케

:: 브라이즈 메이드 부케(Bride's Maid's Bouquet)
  신부 들러리용 부케

:: 플라워 걸즈 부케(Flower Girl's Bouquet)
  꽃을 뿌리는 소녀용 부케

소재 | 분재와이어, 온시디움, 아스파라거스, 장미, 소국, 천일홍, 찔레나무, 청미래덩굴, 골든볼 등

신부 부케

제작

2008년

특징

분재와이어를 원판으로 2개 만들어 부피감을 주며 고정한 후 그 사이에 카라와이어에 여러 가지 꽃들을 갈란드로 만들어 비대칭으로 디자인한 신부부케이다.

소재 | 18번 철사, 엽란, 보존화 수국, 적말채, 남천열매, 카파와이어 등

신부
부케

제작

2021년

특징

말채의 가는 줄기를 잘라서 둥글게 만들어 중심을 만들고
20번 철사를 말채줄기에 드릴을 이용하여 통과시켜 연결하여
견고하게 만들면서 갈란드를 만든다.
18번 철사를 나비형태로 모양을 낸 후 무늬엽란으로 면을 채워준다.
카파와이어 여려개를 겹쳐서 프레임 크게에 맞게 잘라서
중심부분에 고정할 수 있도록 곡선을 만들어 주고
끝부분에 보존화 수국과 남천열매를 고정한다.
신부부케 또는 행잉으로 이용된다.

소재 | 삼지목, 잎새란, 장미, 스마일락스, 쥬트 등

신부
부케

제작

2014년

특징

18번와이어로 사각 구조물을 만들어서
가장자리로 삼지목을 일정한 길이로 잘라 붙여준다.
장미를 멜리아기법으로 만들어서 포인트로 넣어주고
주변에 쥬트를 넣어준다.
스마일락스로 율동감을 주며 잎새란은 잘게 찢어서
부드럽게 하여 고정한다.
고정한 부분은 디자인와이어로 깔끔하게 마무리한다.
특히 신부의 드레스에 와이어 끝이 걸리지 않게
마무리 정리를 잘 해 주어야 한다.

소재 | 분재와이어, 20번 와이어, 스틸그라스, 장미, 스마일락스 등

신부
부케

제작

2008년, 박미영

특징

분재와이어와 20번 와이어 등으로 다양한 형태의 프레임을 만들고 꽃을 어렌지 한 신부부케이다.

Part.5

코사지
: 바디장식

코사지(corsage)는 프랑스어로 "코르사쥬"이며 코사지는 영어발음이다. 코사지의 어원은 여인의 허리를 중심으로 상반신이나 의상에 직접 혹은 간접적으로 꽃을 묶어서 작게 장식하는 작은 꽃다발로서 의복이나 신체에 꾸미는 화훼장식품을 총칭하여 코사지라고 한다.

:: 리스트 코사지(wrest corsage)
팔 또는 손목을 장식하는 코사지이다.

:: 앵클릿 코사지(anklet corsage)
발목 장식용 코사지이다.

:: 부토니어(boutonniere)
남성 양복 옷깃 단추 구멍에 장식하는 코사지이다.

:: 헤어 코사지(hair corsage)
머리 장식용 코사지로 주로 결혼식, 파티 등의 여자 주인공이 많이 하는 장식이다.

:: 쇼울더 코사지(shoulder corsage)
어깨 코사지로 어깨를 중심으로 하여 어깨 앞, 뒤에 걸쳐 장식한다.

:: 웨스트코사지(waist corsage)
허리 부위를 장식하는 코사지를 말한다.

:: 백사이드 코사지(backside corsage)
드레스의 목 또는 등 부위를 장시하는 코사지로 드레스의 라인 모양에 따라 V-자형, U-자형 등으로 제작된다.

소재 | 곱슬버들, 오리목열매, 조화

헤어 코사지

제작

2010년

특징

학생들이 작은 리스를 만들면서 헤어피스장식을 한 것으로서 샵에서 고객들로부터 헤어피스장식 주문이 가끔씩 있는데 꽃으로만 장식하는 것보다 소재와 함께 디자인하는 것을 보여주고자 학생들과 함께 만들어 본 디자인이다.

소재 | 분재와이어, 호접란, 콩란, 스마일락스 등

쇼울더 코사지

제작

2008년, 이경미

특징

분재와이어로 둥근 원판 모양으로 반복 구성하여 구조물을 만든후에 호접란을 글루잉처리하여 붙여주고 스마일락스와 콩란으로 전체를 자연스럽게 어렌지한다.

소재 | 보존화장미, 보존화 수국, 구슬, 22번 와이어 등

헤어 코사지

제작

2015년, 장미경

특징

와이어를 넷팅하여 족두리형태로 만든 후 보존화로 어렌지 한다.
와이어 끝부분에는 구슬과 꽃잎으로 어렌지하여 부드럽게 만든다.

Part.6

리스
Wreath

꽃과 부소재를 이용하여 둥근 원 형태로 만든 꽃 장식물을 말한다. 한자로는 꽃 화(花), 둘릴 환(環)을 쓰고, 영어로는 리스(wreath), 독일어로는 크란츠(krantz)라고 한다. 그러나 오늘날 우리나라에서 화환이라고 불리우는 것은 사전적 의미와는 달리 플라스틱, 목재, 철재 등의 오브제에 플로럴폼을 올려놓고 한 면에서 바라볼 수 있도록 꽂아진 입식 꽃 장식물로서 영어로는 standing spray라고 하는 것에 해당된다. 여기서는 원형의 틀에 꽃을 장식하는 리스를 살펴보고자 한다.

소재 | 대나무, 분재와이어, 쥬트, 거배라, 리시안셔스, 장미,
스마일락스, 유칼립투스, 호엽란 등

리스
Wreath

제작

2021년

특징

오죽을 1cm정도로 찢어서 지름70cm정도로 해서 리스틀을 만든다.
중간 지름은 50cm정도로 해서 리스틀을 하나 더 만든다.
오죽 8개를 u자형태로 휘어서 2개의 리스틀 사이에 고정한다.
분재와이어를 드릴을 이용하여 공기를 빼고 단단하게 만들어
나뭇잎모양을 만들어 쥬트로 면을 채운다.
대나무의 u자와 연결되는 느낌으로 위쪽에 자연스럽게 고정한다.
시험관을 직선으로 여러개씩 그루핑하여 고정한 후
꽃은 수직으로 자연스럽게 어렌지한다.
원형테이블장식 또는 축하용 장식으로 사용한다.

소재 | 대나무, 말채, 라피아, 안스리움, 아스파라거스, 호엽란 등

리스
Wreath

제작

2014년, 이말숙

특징

대나무를 쪼개어 리스구조물을 만들고
중심부분에 대나무로 작은 리스 프레임을 만들어
라피아로 감아서 안정감을 주었으며
컬러의 통일감을 주었다.
필로티형태를 하고자 말채로 기둥을 만들었다.

소재 | 나무토막, 다래넝쿨, 곱슬버들, 모스, 다육식물, 자갈, 물배추, 치어, 아크릴칼라 등

리스
Wreath

제작

2018년

특징

합판을 리스형태로 오려서 나무토막을 타카로 고정 후
잘려진 가장자리 부분에는 곱슬버들과 다래넝쿨을 이용하여
공간감이 나타나도록 구조물을 만들고
나무토막의 나이태가 보이는 단면은
아크릴칼라를 칠하여 칼라의 변화를 준다.
나무토막 사이 공간에 다육이를 심고 이끼로 고정한다.
리스 밑 부문의 옹기에는 자갈과 수중식물을 배치하고
구피치어를 함께 넣어 주어 생동감을 주었다.

Part.7
식물심기

살아 있는 식물을 생육환경에 맞추어 식재하거나 디자인하며
바스켓 또는 플렌트박스, 행잉 등 용도에 맞게 식물을 배치하여
유지, 관리하며 감상하는 디자인이다.

소재 | 느티나무, 온시디움, 틸란디시아 등

공간
장식

제작

2018년, 이말숙

특징

느티나무를 아치형태로 구조물을 만들어 온시디움을 어렌지하고 화기 속에도 함께 구조물을 만들어 틸란디사아를 어렌지 하였다.

소재 | 바구니, 다래넝쿨, 호접란, 테이블야자, 천냥금, 아이비, 이끼, 자갈, 용토 등

바스켓 심기

제작

2014년

특징

식물을 바구니에 심은 디자인이다.

바구니 손잡이와 가장자리에 다래넝쿨로 구조물을 만들어

깊이감과 율동감을 나타내고

바닥에 마사토로 배수층을 만든 후

높낮이가 있도록 깊이감을 주면서 용토를 넣고 식물을 어렌지 한다.

착생식물인 호접란은 굴피에 붙여서 어렌지 한다.

소재 | 느티나무, 곱슬버들 줄기, 미니호접란, 풍선초 등

공간장식

호접란들의 향연

제작

2014년, 황현숙

특징

반원형태의 프레임을 만들고 곱슬버들 줄기를 이용하여
화기와 분리시켜 필로티 방법으로 디자인 하였다.
만천홍과 노란호접들을 그루핑을 하여 강약을 주면서
프레임과 하나가 되도록 어렌지 한다.
호접란의 뿌리는 이끼로 감싸서 수분유지를 하도록 하고
예쁜 뿌리 몇 개는 살짝 보이도록 하여 자연스럽게 연출한다.
곱슬버들 줄기사이에 워터픽을 고정하여 풍선초에 수분공급을 하고
곱슬버들 줄기에 살짝 감아서 자연스럽게 어렌지 하며
화기 윗부분에는 이끼처리하여 자연스럽게 마무리하고 바닥부분에는
자갈을 깔아서 시각적인 안정감을 주었다.
시청로비 중앙에 디피하여 화사함을 표현했었는데
공간이 큰 로비에 장식하면 잘 어울린다.

소재 | 합판, 나무토막, 디쉬디아, 비모란, 루스씨폴리아, 다래넝쿨, 틸란디시아 등

벽장식

제작

2014, 허영미

특징

합판에 아크릴칼라를 칠한 후 나무토막을 계곡 형상으로 고정 후
다육성질이 있는 식물들을 어렌지 한 후
다래넝쿨로 율동감이 나타나도록 어렌지한다.

소재 | 갈대발, 호접란, 노박덩굴 등

벽장식

제작

2018

특징

갈대발을 잘라서 식물을 넣을 수 있는 공간을 만들어서
마름모 형태로 프레임을 만든다.
연결부분의 갈대줄기에는
18번 와이어를 넣어서 단단하게 만든후 고정한다.
호접란의 뿌리를 수분유지를 위하여 이끼로 감싸되
예쁜 뿌리 몇 개와 끝부분은 살짝 보이도록 하여 고정한다.
드라이가 가능한 노박덩굴의 선을 잘 살려 고정한다.

참고문헌

| 이순자, 「프레임을 이용한 꽃 조형작품에 관한 연구」, 대구가톨릭대학교 디자인대학원 논문, 2001

| 윤평섭 외 6명, 「화훼장식 디자인 및 제작론」, 위즈벨리, 2005, 3, 11pg

| 박윤점, 변미순, 이윤주, 이정미, 이현주, 정우윤 등, 「화훼장식학」 위즈벨리, 2005

| 우석진, 영진정보연구소 공저, 「컬러리스트_기사/산업기사 필기 특별대비」, 영진닷컴, 2007, 27pg

프레임을 이용한
화훼장식

초판발행 2022년 2월 28일
지 은 이 권미숙
펴 낸 이 권미숙
편   집 권민지
주   소 경북 영주시 선비로 193, 하늘디자인
전   화 054-634-0003
신고번호 제2018-000003호
I S B N 979-11-977984-0-5 03630

잘못된 책은 구입하신 서점에서 교환해 드립니다.
책값은 뒤표지에 표시되어 있습니다.

이 메 일 222dudu@hanmail.net

Copyright ⓒ 2022 권미숙
이 책의 저작권은 권미숙, 하늘디자인에 있습니다.
저작권법에 의해 보호를 받는 저작물이므로 무단복제 및 무단 전재를 금합니다.